BCG BÜYÜME PAYI MATRISI

Portföy yönetiminin anahtarı

BCG BÜYÜME PAYI MATRISI

Portföy yönetiminin anahtarı

tarafından yazılmıştır Thomas del Marmol
tarafından çevrildi Baris Şahin

50MINUTES.com

BCG BÜYÜME PAYI MATRİSİ: TEORİLER VE UYGULAMALAR

ANAHTAR BİLGİLER

- **İsimler** BCG büyüme-pay matrisi, BCG-matrisi, Ürün Portföy Matrisi, Boston matrisi, Boston Consulting Group analizi, portföy diyagramı. İsmi, matrisi kavramsallaştıran uluslararası bir strateji danışmanlığı şirketi olan Boston Consulting Group'tan gelmektedir.

- **Kullanım Alanları:** Öncelikle portföylerindeki faaliyetlerin göreceli önemini gözlemlemek isteyen yöneticiler tarafından kullanılır. Faaliyetlere yatırım yapılmasını, sürdürülmesini veya kaldırılmasını teşvik ederek portföy için tavsiyelerde bulunur.

- **Neden başarılıdır?** Doğru koşullar altında kullanıldığında, yöneticilerin faaliyetleri hakkında daha fazla bilgi edinmelerini ve kaynakların ve becerilerin tahsisine ilişkin en iyi kararları almalarını sağlar.

- **Anahtar kelimeler:** SBU, stratejik araç, göreceli pazar payı, pazar büyüme oranı, yıldızlar, nakit inekleri, soru işaretleri, köpekler, lider, takipçi, kendi kendini finanse etme, ölçek ekonomileri, pazar olgunluk döngüsü, GE matrisi, Ashridge Portföy Matrisi.

GİRİŞ

Günümüzde, yöneticilerin çeşitli faaliyetlerden oluşan bir portföye sahip olmaları ve tüm faaliyetlerini mümkün olduğunca etkili bir şekilde yönetebilmeleri ihtiyacı yaygın olarak kabul görmektedir. Gerçekten de, gözlerini iş portföylerinin gelişiminden bir an için bile ayıran herkes, ihmalleri nedeniyle hızla cezalandırılacaktır. Ancak, bu faaliyet yönetimi kolay değildir ve kendilerini yenilmez sanan birçok şirket, kötü piyasa analizi veya güçlerinin abartılması sonucunda çökmüştür.

Portföy yönetimi matrisleri, bu yöneticilere çeşitli SBU'larının (stratejik iş birimi) etkisini daha iyi anlamalarını sağlayarak yardımcı olmak için ortaya çıkmıştır.

 ## BİLMEKTE FAYDA VAR: **SBU**

SİB, bir şirketin, yöneticinin kaynak tahsis etmeye veya kaldırmaya karar verebileceği bir alt bölümüdür. Bir şirketin SİB'lere bölünmesi organizasyonel bir ihtiyacı karşılar ve şirket içindeki farklı departmanlara daha iyi bir genel bakış sağlar. Her bir SİB, şirketin kararlarına bağlı olarak özerk ve bağımsız bir şekilde yönetilebilir.

Tarih

Boston Consulting Group, Bruce D. Henderson (1915-1992) tarafından 1963 yılında kurulmuş ve kısa sürede büyüyerek yaklaşık 50 farklı ülkede 80'den fazla ofisiyle dünyanın en büyük stratejik danışmanlık şirketlerinden biri haline gelmiştir. BCG, enerji, sağlık, otomotiv ve telekomünikasyon dahil olmak üzere çok çeşitli sektörlerdeki şirketlerle çalışmaktadır. BCG'nin başlıca yeniliklerinden biri BCG büyüme-pay matrisinin oluşturulmasıdır.

BCG büyüme-pay matrisi 1960'larda geliştirilmiştir ve kullanıcıların bir faaliyetin göreceli pazar payını belirlemelerine ve bununla bağlantılı pazar büyümesini değerlendirmelerine olanak tanır. Somut olarak bu, matrisin yöneticilerin kar getiren veya yüksek potansiyelli faaliyetleri, düşüşte olan faaliyetleri ve çökme riski yüksek olan faaliyetleri seçmelerine olanak tanıdığı anlamına gelir.

BCG büyüme payı matrisi, piyasa mekanizmalarını anlamanın büyük önem taşıdığı bir dönemde ortaya çıkmıştır. Bu dönemde, karar alma süreci finans camiasındaki pek çok sorunun merkezinde yer alıyordu. Bu nedenle bağlam, yöneticilerin kaynak tahsisi konusunda karar vermelerini kolaylaştırmak için bir dizi araç sunan bir matrisin geliştirilmesi ve kullanılması için elverişliydi. Sonuç olarak, çok iyi karşılandı ve iş liderleri tarafından hızla benimsendi.

Modelin tanımı

BCG büyüme-pay matrisi, kullanıcıya çeşitli SBU'ları beklenen büyümelerine ve göreceli pazar paylarına göre bölme talimatı verir. Bu nedenle iki eksene dayanır ve SBU'ları dört kategoriye ayırır: yıldızlar, nakit inekleri, soru işaretleri ve köpekler. Bu model sayesinde yöneticiler, kaynakları farklı SİB'lere tahsis ederken en iyi seçimleri yapabilirler. Matris aynı zamanda işletmeye daha iyi bir genel bakış elde etmelerini ve hangi stratejik faaliyet alanlarının teşvik edileceğini ve hangilerinin kaldırılacağını belirlemelerini sağlar.

TEORİ

BAĞLAM VE KAVRAM

BCG büyüme payı matrisi, yöneticiler için en yaygın kullanılan portföy yönetimi araçlarından biridir. McKinsey ve Ashridge matrisleri de dahil olmak üzere daha geniş bir kaynak tahsis matrisi koleksiyonunun bir parçasıdır. Bu modellerin temel amacı, özellikle kıt kaynakların (parasal, maddi veya entelektüel) farklı SİB'lere tahsis edilmesi söz konusu olduğunda yöneticilerin karar verme sürecini kolaylaştırmaktır. Başka bir deyişle, SBU'lar arasında kendi cazibelerine (kâr yaratma, gelişme potansiyeli vb. ile bağlantılı) ve aynı zamanda SBU'lar arasındaki sinerji fırsatlarına dayalı olarak dahili tahsis için tutarlı bir plan oluşturmaya çalışırlar. Hepsinin iki ekseni vardır: birincisi pazarın özellikleriyle ilgilidir, ikincisi ise şirketin güçlü yönleriyle ilgilidir.

BCG büyüme payı matrisi, bir şirketin farklı stratejik iş birimlerinin iki eksenli bir grafik üzerinde gösterilmesini sağlar:

- Dikey eksen, pazarın önümüzdeki yıllarda gelişme potansiyeli anlamına gelen pazar büyüme oranına karşılık gelmektedir. Genellikle büyüyen bir pazarın hacim olarak satışlarında yaklaşık %5'lik bir artış yaşadığı kabul edilir.

- Yatay eksen, SBU'nun göreli pazar payını temsil etmektedir. Göreli pazar payını hesaplamak için genellikle bir oran kullanılır: SBU'nun ana rakibin pazar payı üzerindeki göreli payı.

- o Örneğin, pazar payının %15'ine sahipsem ve rakibim %10'una sahipse, göreceli pazar payım 1,5'e eşit olacaktır, çünkü $\dfrac{15\ \%}{10\ \%}$ bu sonucu üretir.

Değer 1,25'ten büyük olduğunda göreli pazar payının güçlü olduğu kabul edilir.

> ### 👁 BİLMEKTE FAYDA VAR: LİDER Mİ YOKSA TAKİPÇİ Mİ?
>
> Bir işletme için 'lider' olmak, belirli bir pazarda bir ürün için baskın bir konuma sahip olmak ve akranları tarafından kendi kategorisinde 'akılda kalan' (akla gelen ilk şirket) olarak tanınmak anlamına gelir. Tersine, bir 'takipçi' yalnızca küçük bir pazar payına sahiptir ve bu nedenle pazarda hayatta kalmak istiyorsa rekabete ayak uydurmak zorunda kalır (Lambin ve Moerloose, 2008).

Bu modelin sonuçları, kullanıcıların belirli faaliyetlere öncelik vermeden önce dikkate almaları gereken çeşitli noktaları anlamalarını sağlar. Gerçekten de diyagram, önemli bir pazar payı ile birlikte büyüyen bir pazarın yöneticiler için son derece cazip olduğunu açıkça ortaya koysa da, durgun veya azalan pazarlarda önemli bir pazar payını temsil eden faaliyetlerle nasıl başa çıkılacağını bilmek her zaman kolay değildir. Katlanarak büyüyen pazarlarda düşük pazar payına sahip SİB'ler konusu da birçok soruyu beraberinde getirmektedir. Yukarıda bahsedilen bilgiler sayesinde, farklı SBU türlerini ve bunların nakit akışlarını ayırt etmek için grafiği dört çeyreğe ayırabiliriz. Nakit akışı, cari mali yılın bilançosu (toplam amortisman ve karşılıklar + vergi sonrası ve potansiyel kar dağıtımı öncesi net kar) kullanılarak hesaplanır ve şirketin mali özerkliğini gösterir.

- **Yıldızlar,** büyüyen bir pazarda büyük bir göreli pazar payına sahip iş alanlarını temsil eder. Bu çeyrekte yer alan faaliyetlerin genellikle pazar lideri olduğunu ve rakiplerin baskısına direnirken büyümelerini desteklemek için önemli ve sürekli yatırımlar gerektirdiğini varsayabiliriz. Bununla birlikte, bu faaliyetler yönetici için önemli kârlar oluşturduğundan, sonuçlar bu yatırımın karşılığını fazlasıyla verecektir.

- Bazen evcil hayvan olarak da adlandırılan **köpekler** sağ alt çeyrekte yer almaktadır. Düşük bir göreli pazar payına sahip, düşük büyüme gösteren bir pazarda yer alan SİB'leri temsil ederler. Bunlar genellikle belirli rakiplerin (rekabet avantajı) hakim olduğu pazarlarda rekabet eden ve gerilemekte olan faaliyetlerdir. Bu 'yaşlanan' faaliyetler büyük yatırımlar gerektirebilir, ancak sonunda çok az sonuç verir veya hiç sonuç vermez. Bu nedenle genellikle bu faaliyetlerin kaldırılması tavsiye edilir: Bunlarla devam etmek işletmeye zarar verebilir.

- **Nakit inekleri,** gerileyen sektörlerde oldukça yüksek pazar payına sahip faaliyetleri temsil eder. Bu faaliyetler genellikle olgun bir pazarda rakipleri üzerinde hakimiyet kurmuştur ve bu nedenle yalnızca sınırlı yatırım gerektirir. Gerçekten de, piyasanın durumu muhtemelen yeni girişlere yol açmayacak ve mevcut rakipleri halihazırda yerleşik olanları yerinden etmeye motive etmeyecektir. Deneyim etkisi, özellikle kaynaklar, temel yetkinlikler ve ölçek ekonomileri sayesinde, şirketin rakiplerinden daha yüksek karlar elde etmesini sağlar. Bu faaliyetlerin amacı artık gelişmek değil, üretilen kârı 'sağmaktır'. Bu nedenle genellikle önemli finansal girişlerden sorumludurlar ve özellikle yıldızlara ve soru işaretlerine yatırım yapılmasını sağlarlar.

 **BİLMEKTE FAYDA VAR: DENEYIM ETKISI**

Deneyim etkisi, daha fazla üretildiğinde (ölçek ekonomileri), süreç daha sistematik hale geldiğinde (standardizasyon) veya uzmanlık giderek güçlendiğinde (öğrenme etkisi) gözlemlenir. Sonuç olarak, birim üretim maliyeti azalır (Lendrevie ve Lévy, 2013).

- Sorunlu çocuklar olarak da bilinen **soru işaretleri**, büyüyen pazarlarda nispeten düşük pazar payına sahip faaliyetleri içerir. Adından da anlaşılacağı üzere, bu faaliyetler yöneticiler için gerçek bir sorun teşkil etmektedir. Ancak bu SİB'ler, büyük meblağların erkenden yatırılması koşuluyla, gelecekteki kazançlar için mükemmel bir fırsatı da temsil eder. Faaliyet güçlü bir büyüme pazarında olduğunda, yatırımlar sayesinde pazar paylarını kademeli olarak alarak lideri yakalamak hala mümkündür. Görevin karmaşıklığı, pazarda lider konuma gelmek ve gelecekte bir yıldız olmak için yeterli potansiyele sahip SBU'nun seçilmesinde yatmaktadır. Beklenen yatırımlar alınmazsa veya çok küçük olursa, pazar olgunluğa ulaştığında faaliyet bir köpeğe dönüşebilir. Bu nedenle soru işaretlerine özel önem verilmelidir. Hepsi yıldız olmayacağı için birkaç tane olması tavsiye edilir, ancak dikkatlice seçilmelidirler.

BCG BÜYÜME PAYI MATRİSİNİ KULLANMANIN AVANTAJLARI

BCG büyüme payı matrisi, yöneticilerin farklı SİB'ler hakkında net bir uzun vadeli vizyon edinmelerini sağlar. İş alanlarını konumlandırmayı, matris içindeki yerlerini gözlemlemeyi ve kaynak tahsisini daha iyi yönetmeyi mümkün kılar. Yöneticiler bu matrisi kullanarak en iyi koşullar altında SİB'lerin geleceğine karar verebilirler: hangilerini çıkarmaları ve hangilerine yatırım yapmaları gerektiğini öğreneceklerdir.

Matris ayrıca kullanıcıların belirli faaliyetlerin geliştirilmesi için farklı ihtiyaçları anlamalarını sağlar. Yöneticinin pazar hakkında düşünmesini ve büyüme potansiyellerini belirlemek için SİB'lerin dahili bir analizini yapmasını gerektirir. Yönetim bu nedenle ihtiyaç duyulan yatırımın bir tahminini yapabilir.

Son olarak, BCG büyüme payı matrisi, bazı SİB'lerin kârlarının yüksek gelişme potansiyeline sahip faaliyetlere tahsis edilmesi gerektiğini hatırlatır. Bu sayede personel ve liderler, faaliyet yüksek kâr getirse bile tasarruflu olmanın öneminin farkına varacaktır.

SINIRLAMALAR VE GENİŞLETMELER

ÖNCEKİ VARSAYIMLAR

Bu modelin uygulanması, kullanıcıların iki ön varsayımı kabul etmesini gerektirir:

- **Kendi kendini finanse etme.** BCG büyüme payı matrisi, şirket için dış finansman olasılığını ihmal etmektedir. En yüksek potansiyele sahip faaliyetleri finanse edebilmek için pazar olgunluğunun farklı aşamalarında farklı SBU'lara duyulan ihtiyacı açıklamak için esas olarak yukarıda özetlenen ürün yaşam döngüsü modelini kullanır. Borç veya hissedarlar yoluyla dış finansman olasılığı dikkate alınmamaktadır.

- **Deneyim etkisi.** Bu matris sadece pazar liderinin lehine bir deneyim etkisi varsa gerçekten önemlidir. Sınırlı bir deneyim etkisinin olduğu durumlarda, bir pazardaki lider şirket takipçilerinden mutlaka daha karlı olmayacaktır, dolayısıyla modelin geçerliliği sorgulanacaktır.

BCG büyüme payı matrisini uygulamadan önce piyasayı gözlemleyerek bu varsayımları her zaman dikkate almak önemlidir. Gerçekten de, pazarın kötü analiz edilmesi modelin etkinliğini zayıflatabilir ve yöneticinin kötü kararlar almasına neden olabilir.

SINIRLAMALAR VE ELEŞTİRİLER

BCG büyüme payı matrisi, çeşitli faaliyetlerini izlemek isteyen yöneticilere değerli yardımlar sağlayan faydalı bir araç olarak kabul edilse de, yine de farkında olunması gereken bazı sınırlamaları vardır. Yukarıdaki varsayımlar kısıtlayıcıdır, ancak uygulamada kolayca doğrulanabilir. Buna ek olarak, bazı noktaların açıklığa kavuşturulması gerekmektedir.

Kesin olmayan terminoloji

Kullanılan bazı terimlerin tanımlanması veya ölçülmesi kolay değildir. Gerçekten de, pazarın özelliklerine bağlı olarak, aynı göreceli pazar payı yüksek veya düşük görünebilir. Dahası, aynı pazar farklı yöneticiler tarafından farklı şekilde tanımlanabilir ve bu da hesaplamayı karmaşık hale getirir. Bu nedenle sonuçlar pazarın tanımlanma şekline bağlı olarak farklılık gösterebilir.

Örneğin, bir şirket kalem satıyorsa, kalem satıcılarını ve kelime işlem yazılımı satıcılarını rakip olarak kabul etmeli midir?

Yöneticiler genellikle kendilerine en uygun çözümü seçme eğiliminde olacaklardır, bu da bir nakit ineği ya da bir köpekle sonuçlanma riskini beraberinde getirecektir. Bu nedenle, büyüme payı piyasası yoluyla elde edilen yanıt genellikle yöneticilere özgü öznel kriterlere dayanmaktadır ve bu da matrisi eleştirenlerin, çözümün kullanıcısının etkisiyle engellendiğini iddia etmelerine yol açmıştır.

Ayrıca, dörtgenler arasındaki ayrım, başvurulan referans malzemeye bağlı olarak değişebilir. Soru işareti ile köpek arasındaki çizgi zaman zaman bulanık görünebilir.

Karmaşık bir dünyanın aşırı basitleştirilmesi

Bu modelin her bir SİB'in konumu hakkında iyi bir genel fikir verdiği doğru olmakla birlikte, bir kez kategorize edildikten sonra tüm faaliyetlerin otomatik olarak yukarıda açıklanan yolu izleyeceğinden emin olamayız. Tüm köpekler yukarıda açıklanan trajik sonla karşılaşmaya mahkum değildir, aynı şekilde nakit inekleri de her zaman sabit gelir kaynaklarını temsil etmez. Aslında, liderle ilgili bir farklılaştırma stratejisi uygulanırsa bir köpek oldukça başarılı olabilir ve belirli bir süre boyunca kâr elde edebilir. Bir nakit ineğinin yöneticisi, tüm kârının her zaman belirsiz ve alışılmadık bir faaliyete aktarılmasını da moral bozucu bulabilir. Bu durumda, çalışanların davranışları dikkate alınmaz ve BCG büyüme payı matrisi tarafından öngörülen gelişmede hatalara yol açabilir. Son olarak, bazı sinerjiler yöneticinin köpek çeyreğinde yer alan bir faaliyetin diğer faaliyetlere katkı sağladığı için sürdürülmesi gerektiğini fark etmesine yol açabilir.

Sonuçlara göre hareket etmek

Bu nedenle, BCG büyüme payı matrisi aracılığıyla ulaşılan sonucun, açık ve kesin bir tavsiyeden ziyade, gidilecek yöne ilişkin bir rehber olarak değerlendirilmesi gerektiği açıktır. Tüm politikaların yalnızca aceleyle uygulanan bir büyüme-pay matrisinin sonuçlarına dayandırılması tavsiye edilmez. Ekonomik dünya karmaşık olduğundan, matrisin tahminleri genellikle sadece kısmen doğru çıkmaktadır. Bu nedenle bir BCG büyüme payı matrisinin bulguları, bir SİB'in çökmesine neden olabilecek yargı hatalarından kaçınmak için dikkatle analiz edilmeli ve uygulanmalıdır. Örneğin, köpek kategorisindeki bir SİB'in daha kârlı başka birimler lehine bir kenara atılması gerekmez; zira bu SİB, diğer SİB'lere istedikleri gibi gelişmeleri için gereken becerileri sağlayarak zaten fayda sağlıyor olabilir.

İLGİLİ MODELLER VE UZANTILAR

Büyüme-paylaşım modelini tamamlayıcı nitelikte bir dizi matris bulunmaktadır:

* McKinsey'in GE matrisi

* Ashridge Portföy Matrisi.

Bu yeni matrisleri kullanarak yönetici, büyüme payı matrisi tarafından ihmal edilen pazarın çekiciliğine ilişkin belirli faktörleri göz önünde bulundurabilir. Bu da mümkün olan en iyi iş portföyünü oluşturmalarını sağlar.

McKinsey'in GE matrisi

Bu matris, stratejik danışmanlık alanında uzmanlaşmış olan McKinsey & Company tarafından geliştirilmiştir. Oscar James McKinsey (1889-1937) tarafından 1920 yılında kurulan firma, çalkantılı bir ekonomik ortamda işletmelere tavsiyelerde bulunmayı ve başarılı olmalarına yardımcı olmayı amaçlamaktadır. Dünyanın dört bir yanında ofisleri bulunan McKinsey & Company, stratejik danışmanlık konusundaki güçlü değerlere dayanan sağlam bir üne sahiptir.

1970'lerde geliştirilen matris, pazarın çekiciliği (çevrenin temel faktörleri) ile SBU'nun rekabet avantajlarını (SBU'nun pazardaki rekabet kapasitesi) birbirine bağlamaktadır.

Bu nedenle burada dikkate alınan faktörler biraz farklıdır çünkü pazar payından ziyade SBU'nun rekabet avantajına odaklanmaktadır. Bu da iyi bir marka imajına, ileri teknolojik kaynaklara vb. yol açabilecek avantajların dikkate alınmasını mümkün kılmaktadır. Ayrıca, pazarın büyüme oranından ziyade cazibe merkezlerinin kullanılması, elverişli mevzuatın varlığı gibi faktörlerin de dikkate alınmasını sağlar. Bu nedenle GE matrisinin BCG büyüme payı matrisinden çok daha sofistike bir teşhis aracı olduğu açıktır, çünkü daha önce ihmal edilen bir dizi faktörü dikkate almaktadır.

Son olarak, bu matrisin tarafsız durumlar sunduğunu ve yöneticinin tercihlerine veya yatırım için olumlu veya olumsuz olduğunu düşündüğü koşullara göre seçim yapmasına izin verdiğini belirtmek gerekir.

Ashridge Portföy Matrisi

Michael Goold ve Andrew Campbell tarafından geliştirilen Ashridge Portföy Matrisi, yönetimin SBU'yu anlama ve buna göre hareket etme becerisini vurguladığı için portföy yönetimine yeni bir vizyon sunmaktadır. Gerçekten de, yönetim SİB'in gelişim ihtiyaçlarını anlayamazsa, yatırımları kötü bir şekilde tahsis edilebilir. Benzer şekilde, eğer yönetim SİB'in performansını iyileştirecek becerilere sahip değilse, yapılacak her türlü yatırım boşa gidecektir. Bu gözlemden dört tür faaliyet ortaya çıkmaktadır:

- Yöneticinin anladığı ve üzerinde hareket edebileceği Heartland faaliyetleri;

- Yöneticinin anladığı ancak geliştirmek için gerekli becerilere sahip olmadığı balast faaliyetleri;

- Genel yönetimin performansı artırabildiği ancak gerekçesini anlamadığı değer tuzağı faaliyetleri;

- Yöneticiler bunların arkasındaki mantığı anlamadıkları ve bunları geliştirecek becerilere sahip olmadıkları için açıkça uygun olmayan yabancı faaliyetler.

Bu yaklaşım, kullanıcıların hem yönetime hem de performansı iyileştirilmek istenen SİB'e odaklanmasını sağlar. Bu ilişki, daha önce öncelikle pazara ve faaliyete odaklanan teorisyenler tarafından göz ardı edilmiştir.

Sonuç olarak, bu farklı yaklaşımları bir araya getirmek yönetici için sadece iyi bir şey olabilir. Rekabetçi avantajların, pazar cazibesinin ve SİB ile yönetim arasındaki etkileşimin dahil edilmesi, yöneticinin çeşitli SİB'ler arasında kaynak tahsisini analiz etme becerisini geliştirecektir.

PRATİK UYGULAMA

TAVSİYELER VE EN İYİ İPUÇLARI

Pazarı tanımlamanın önemi

Gördüğümüz gibi, bir piyasayı tanımlamak her zaman kolay değildir ve yönetici için birçok sorun teşkil edebilir. Yönetici şunlardan kaçınmalıdır:

- Çok sayıda potansiyel rakibi ihmal etme riskini göze alarak aşırı dar bir pazara odaklanmak;

- Çok büyük bir pazarı hedeflemek, zaman ve para açısından maliyetli olan uzun ve sıkıcı çalışmalara yol açabilir.

BCG büyüme payı matrisinin genel analizi buna bağlı olduğundan, doğru pazarı tanımlamak hayati önem taşımaktadır. Bu nedenle kullanıcıların modeli uygulamadan önce pazarı analiz etmek için zaman ayırmaları tavsiye edilir. Yöneticinin elindeki kaynakları ve zamanı göz önünde bulundurarak kendilerine mümkün olan en iyi taslak hakkında tavsiyelerde bulunabilecek piyasa uzmanlarından yardım istemekten çekinmemelidirler.

BCG büyüme payı matrisinde SBU'ların bölünmesi

Bir yöneticinin BCG büyüme payı matrisinin tüm çeyreklerinde SBU'lara sahip olması çok önemlidir. Sadece bir çeyrekte faaliyet göstermekten kaçınmaya özen göstermelidirler. Örneğin, sadece nakit ineklerine sahip olmak kısa vadede kârlı olsa da, bu durumda gelecek belirsiz olacaktır. Buna ek olarak, şirket tüketicilere eski veya modası geçmiş görünme riskiyle karşı karşıya kalır. Benzer şekilde, yalnızca soru işaretlerine sahip olan bir yönetici hızla mali sorunlar yaşama riskiyle karşı karşıya kalır ve kısa süre içinde tüm faaliyetlerini durdurmak zorunda kalır. Yaşlanan ancak kazançlı faaliyetler ile sürekli ve önemli yatırımlar gerektiren genç, yüksek potansiyelli faaliyetler arasında bir denge sağlamak için SBU'ları büyüme payı modelinin tüm çeyreklerine yaymak tavsiye edilir.

SBU'nun evriminin öngörülmesi

Bu noktada okuyucu, stratejik faaliyetleri BCG büyüme payı matrisinde konumlandırmanın kolay olmadığını görebilir. Birçok zorluk seçilen konumlandırmayı bozabilir ve bir SİB'in hızla gerilemesine yol açabilir. Dahası, pazarın tüm çeşitli unsurlarını ve özelliklerini dikkate alan bilgili bir yönetici, bir SİB'i doğru bir şekilde tanımlayıp modele yerleştirdikten sonra bir an bile dinlenemez. Aslında, BCG büyüme payı matrisindeki her bir faaliyetin konumu kalıcı olarak sabit değildir. Temsil edilen her bir faaliyet için çeşitli gelişim senaryoları mümkündür. Bu nedenle, şirkete mümkün olan en iyi başarı şansını vermek için her faaliyet ayrıntılı olarak incelenmelidir. Bu nedenle, her bir SBU için farklı olası senaryoları özetleyen bir BCG büyüme payı matrisinin tamamlanması önemlidir. Bunu yapmak için, aşağıdaki şemada gösterildiği gibi çeşitli olası seçenekler vardır.

- **İnovasyon yolu.** Bu, bir SİB'in sol üst yıldız kadranına doğrudan gelişine karşılık gelir. Elde ettiği karı (özellikle nakit ineklerden) Ar-Ge'ye (araştırma ve geliştirme) yatıran bir şirket inovasyon yolunu izlemeyi bekleyebilir. Yeniden yatırılan bu para, rakiplerine karşı rekabet avantajına sahip yeni bir SİB'in yaratılmasıyla sonuçlanacak yeni becerilerin ve kaynakların ortaya çıkmasına izin verir. Daha sonra, pazar olgunluğa ulaştığında, bu faaliyetlerin nakit inekleri haline gelmesi ve bunların da Ar-Ge'ye yatırım yapması beklenir.

- **Takipçi yolu.** Benzer şekilde, nakit ineklerinin elde ettiği kârlar da güçlü büyüme potansiyeline sahip soru işaretlerine yatırılabilir. Bu yatırım sayesinde gelişebilir ve nihayetinde pazarda lider konuma gelebilirler.

- **Felaket yolu.** Tüm senaryolar daha önce görülenler kadar iyimser değildir. Aslında, yıldızlar çeyreğindeki bir faaliyet beklenen yatırımları alamazsa, kendisini hızla köpekler çeyreğinde bulabilir. Bu durum, şirketin tüketici beklentilerini ve kilit başarı faktörlerini doğru bir şekilde analiz edememesi halinde de ortaya çıkabilir.

- **Sıradanlık yolu.** Bu yol, soru işaretleri çeyreğine düşen ve yıldızlara dönüşemeyen faaliyetleri içerir. Bu faaliyetler köpek ve soru işareti kategorileri arasında durgunlaşır ve tatmin edici olmayan sonuçlar için önemli miktarda para harcanmasına neden olur.

BCG büyüme payı matrisini uygulamak isteyen yönetici, çeşitli olası senaryoları göz önünde bulundurmalı ve böylece yalnızca SİB'lerin izleyebileceği olumlu yollara odaklanmaktan kaçınmalıdır. Başarı, herhangi bir şirketin karşılaşabileceği istenmeyen senaryolara yanıt geliştirmeyi gerektirir.

Portföy yönetim matrislerinin tamamlayıcı kullanımı

BCG büyüme payı matrisinin faydaları açık olmakla birlikte, bazı sınırlamaları da vardır. Bunlardan biri, modelin aşırı basitleştirmeye dayanması ve pazarın tüm özelliklerini dikkate almamasıdır.

BCG büyüme payı matrisinin ortaya çıkmasından bu yana, diğer modeller de portföy yönetimi açısından yöneticilerle bazı başarılar elde etmiştir. Bunlar arasında McKinsey'in GE matrisi ve Ashridge Portföy Matrisi yer almaktadır; bunlar yöneticinin piyasa ve faaliyetlerine ilişkin bilgisini derinleştirmesine ve yapılacak en iyi tahsis seçimlerine ilişkin tamamlayıcı bir vizyon elde etmesine yardımcı olmaktadır.

ÖRNEK OLAY İNCELEMESİ

1970'lerde kurulmuş dünyaca ünlü bir şirket örneğini ele alalım. Bu şirket çeşitli sektörlerden çok sayıda faaliyet alanını bir araya getirmektedir. Bunlar arasında havayolları, bir demiryolu şirketi, bir yayınevi ve hatta bir uzay turizmi şirketi bulunmaktadır. Şirket bir holdingdir, yani aralarında çok net sinerjiler bulunmayan çok sayıda faaliyeti bir araya getirmektedir. Şirketin kurucusunun amacı, fon ve beceri yatırımı yoluyla şirketlerin büyümesini sağlamaktı. Grup 2012 yılında yaklaşık 13 milyar sterlin ciro elde etmiş ve dünya çapında yaklaşık 50.000 kişiye istihdam sağlamıştır.

Bu vaka BCG büyüme payı matrisi bağlamında analiz edildiğinde son derece ilginçtir çünkü aralarında hiçbir benzerlik olmamasına rağmen bazı SİB'lerin diğerlerini desteklemeyi nasıl başardığını anlamamıza yardımcı olmaktadır. Richard Branson'ın stratejisi, satın almalar ve beceri transferleri yoluyla birçok şirketin gelişmesine yardımcı olmaktır. Dolayısıyla bu stratejinin başarılı olabilmesi için önemli miktarda fon gerekmektedir. Bu amaçla, mevcut faaliyetlerin bazı alanları, yararlanılabilir potansiyele sahip olduğu düşünülen yeni faaliyetlerin finanse edilmesine yardımcı olmalıdır.

Bu noktada, modelin tam olarak anlaşılabilmesi için açıklamadan önce bazı noktaların netleştirilmesi gerekmektedir.

* İlk olarak, okuyucu için daha açık hale getirmek amacıyla şirketin tüm faaliyetleri modelde temsil edilmemiştir. Sadece bazıları temsil edilmiştir.

* Bunun yanında, köpek çeyreğindeki faaliyetlerin sayısının az olması, grubun bu alandaki faaliyetleri sürdürmekten kaçınmak istemesiyle açıklanmaktadır. Ayrıca, mevcut faaliyetlerle ilgili olarak, hangi SİB'lerin bu kadrana doğru ilerleyeceğini bilmek zordur.

* Son olarak, yukarıda da belirtildiği üzere, BCG büyüme-paylaşım matrisi düzenli olarak güncellenmesi gereken bir araçtır; yani bir gün elde edilen sonuçlar ertesi gün değişebilir. Bu nedenle bu model önümüzdeki yıllarda hızla gelişebilir.

Bu noktaları açıklığa kavuşturduktan sonra, şirketin BCG büyüme payı matrisinin uygulanmasına geçebiliriz:

- Kendilerini halihazırda kanıtlamış olan SİB'ler arasında havayolları da bulunmaktadır. İlk havayolu 1980'lerde kurulmuştur. O zamandan bu yana gelişti ve genişlemeyi başardı: bugün belirli bir olgunluğa ulaştı. Şirket markasına öncülük eden şirket, bu sayede hem havacılık alanında hem de diğer ürünlerinde güvenlik ve güvenilirlik konusunda itibar kazanmıştır. Nakit ineği konseptinin mükemmel bir örneği olan bu tür bir faaliyet, şirketin gelişiminde ve aynı zamanda yüksek potansiyele sahip yeni SBU'ların geliştirilmesinde kullanılan önemli miktarda fon toplamasına olanak tanır. Bununla birlikte, nakit inekleri sonsuza kadar sürmez; şirket havayolu şirketinde başarılı olsa da, aynı şey demiryolu şirketi için söylenemez. İngiltere'deki demiryolu ağının 1990'larda özelleştirilmesinin ardından şirket, hava yolculuğu alanındaki iyi itibarından yararlanmaya ve bu yeni pazara büyük yatırım yapmaya karar verdi. Güçlü rekabet sürekli yatırım gerektirir ve yeni pazarlarda çok fazla kârın yeniden tahsis edilmesine izin vermez, bu da demiryolu şirketinin neden köpek çeyreğine geçtiğini açıklar.

- Eğlence ve medya alanları, şirketin BCG büyüme payı matrisinin yıldızlar çeyreğinde yer alan iki faaliyet türüdür:

  - Telekomünikasyon ve internet dünyası sürekli geliştiğinden, seçkinler arasındaki yerini korumak son derece kârlıdır, ancak bu önemli bir yatırım gerektirir. Medya şirketi, dünyanın çeşitli ülkelerindeki konumunu korumak için bu alanda birçok mali güçlükle karşılaştı. Fransa'da, internet üzerinden müzik indirilmesi (yasal, ancak her şeyden önce yasadışı) sonucunda grubun şirketlerinden biri 2013 yılında iflas başvurusunda bulunmak zorunda kalmıştır.

- o Eğlence sektörüne gelince, grup bu alanda oldukça aktiftir. Müzikten elde edilenler de dahil olmak üzere farklı gelir kaynakları, rahat bir mali güvenlik ağı sağlamaktadır. Ancak medya sektöründeki sorunlar eğlence dünyası için de geçerlidir.

- Buna ek olarak, yüksek büyüme potansiyeline sahip yeni SBU'ların satın alınması ve geliştirilmesine dayanan bu gibi bir şirketin portföyünde bir dizi soru işareti faaliyeti bulunmalıdır. Şirketin finans alanına nispeten yeni ilgi duyması, özellikle küresel kriz dönemlerinde geçerli olan belirsiz gelecek beklentilerine işaret etmektedir. Ayrıca, uzay turizmi girişimi gibi şirketler, satın alma gücünün azalması gibi güncel gerçeklerle pek uyumlu değildir. Dolayısıyla bu tür bir faaliyet, mevcut krizin sonuçlarıyla ilk yüzleşenler arasında yer alabilir.

- Son olarak, köpek kadranında hiçbir faaliyet bulunmasa bile, şirket bu kategoriye girebilecek bazı faaliyetlerden kurtulmuştur. Yeni faaliyetlerin potansiyeline odaklanan bir şirket, her zaman herhangi bir yatırımın doğasında bulunan riskleri göz önünde bulundurmalıdır.

Sonuç olarak, bu grubun iş alanları arasında iyi bir denge kurmayı başardığını vurgulamalıyız. Kendini kanıtlamış olan faaliyetler, yeni faaliyetlerin geliştirilmesini finanse etmeyi amaçlamaktadır; bu da, tahminler doğruysa, yeni projeler başlatmak için fon üretecektir. Ancak, güçlü potansiyele sahip iş alanlarının izleyeceği yolu kesin olarak belirlemek kolay değildir, çünkü bu faaliyetlere fon enjeksiyonunda her zaman büyük bir risk unsuru vardır. BCG büyüme payı matrisinin kullanılması, yöneticilerin satın alma ve SİB'lerin yatırımı ve geliştirilmesiyle ilgili seçeneklere netlik kazandırmasını sağlar.

ÖZET

- BCG büyüme payı matrisi, bir şirketin iş portföyünü analiz etmek için kullanılan bir araçtır. Boston Consulting Group tarafından 1960'larda geliştirilmiştir ve günümüzde yöneticiler arasında hala çok popülerdir.

- Bu matris, yöneticilerin portföylerindeki faaliyetlerin göreceli önemini anlamalarını ve gözlemlemelerini sağlar.

- Şirketin x eksenindeki göreli pazar paylarını ve dikey eksendeki pazar büyüme oranını bir araya getirir.

- Yıldızlar, nakit inekleri, soru işaretleri ve köpekler çeyreklerindeki duruma bağlı olarak, faaliyetlere yatırım yapılması, sürdürülmesi veya bunlardan kurtulunması tavsiye edilir.

- Matrisin doğru çalıştığından emin olmak için kendi kendini finanse etme ve deneyim etkisi gibi bir dizi varsayım teyit edilmelidir.

- Bazı belirsizlikler, terimlerin basitleştirilmesi ve yöneticilerin öznelliği, matrisin bazen kesin olmadığı ve belirli sınırlamalara sahip olduğu anlamına gelir.

- McKinsey'in GE matrisi ve Ashridge Portföy Matrisini tamamlayıcı bir araçtır. Tek başına kullanılması ilginç olsa da yeterli değildir.

- Matris, özellikle yüksek büyüme oranına sahip pazarlarda zaman içinde sürekli olarak güncellenmelidir.

- SİB'lerin zaman içindeki gelişimi, yaşam döngüleri boyunca farklı yollar izlemelerine neden olabilir.

- Bir holding örneği , BCG büyüme payı matrisinin işleyişini iyi bir şekilde temsil etmekte ve yeni SİB'lerin finansmanının arkasındaki ilkeyi anlamamıza yardımcı olmaktadır.

DAHA FAZLA OKUMA

KAYNAKÇA

beCompta web sitesi: http://www.becompta.be

Boston Consulting Group web sitesi: http://www.bcg.com/

Deppe, A. (Tarih yok) Séquence 4 : La démarche stratégique à l'international. *Marketing International.* [Çevrimiçi]. [Erişim tarihi: 6 Mayıs 2014]. Erişim adresi: < http://foad.refer.org/IMG/pdf/Sequence_4-2.pdf>

Giboin, B. (2012) *La boîte à outils de la stratégie.* Paris: Dunod.

Johnson, G., Scholes, K., Whittington, R. ve Fréry, F. (2008) *Stratégique.* [8. baskı]. Paris: Pearson Education.

Lambin, J.-J. ve de Moerloose, C. (2008) *Marketing stratégique et opérationnel. Du marketing à l'orientation de marché.* [7. baskı]. Paris: Dunod.

Lendrevie, J. ve Lévy, J. (2013) Mercator 2013. *Théorie et nouvelles pratiques du marketing.* [10. baskı]. Paris: Dunod.

Marchesnay, M. (1993) *Management stratégique.* Paris: Eyrolles. s. 5-6.

McKinsey web sitesi: http://www.mckinsey.com/

Saïas, M. ve Métais, E. (2001) *Stratégie d'entreprise : évolution de la pensée. Finans. Contrôle. Stratégie.* 4(1), s. 183-213.Stratejik pazarlama web sitesi: http://www.marketing-strategique.com/

Virgin web sitesi: http://www.virgin.com/

EK KAYNAKLAR

Armstrong, J. S. ve Brodie, R.J. (1994) Portföy Planlama Yöntemlerinin Karar Verme Üzerindeki Etkileri: Deneysel Sonuçlar. *Uluslararası Pazarlama Araştırmaları Dergisi.* 11(1), s. 73-84.

Fleisher, C. S. ve Bensoussan, B. E. (2003) *Stratejik ve Rekabetçi Analiz: İşletme Rekabetini Analiz Etmek için Yöntem ve Teknikler.* Upper Saddle River: Prentice Hall.

Hambrick, D. C., MacMillan, I. C. ve Day, D. L. (1982) BCG Matrisinde Stratejik Özellikler ve Performans. Endüstriyel Ürün İşletmelerinin PIMS Tabanlı Analizi. *Academy of Management Journal.* 25(3).

Sizden haber almak istiyoruz!
Çevrimiçi kütüphaneniz hakkında yorum bırakın
ve favori kitaplarınızı sosyal medyada paylaşın!

Yayıncı, yayınlanan bilgilerin güvenilirliğini garanti eder,
ancak sorumluluğunu üstlenemez.

Ana ISBN: 9782808600644
Kağıt ISBN: 9782808602099
Yasal depozito: D/2022/12603/210

Dijital tasarım: Primento,
yayıncıların dijital ortağı.